Problemfelder der klinischen Psychologie. Sokratischer Dialog, kognitiv-behavioraler und klientenzentrierter Ansatz sowie psychologische Beratung versus Psychotherapie

Anna-Maria Burchard

Bibliografische Information der Deutschen Nationalbibliothek:

Die Deutsche Nationalbibliothek verzeichnet diese Publikation in der Deutschen Nationalbibliografie; detaillierte bibliografische Daten sind im Internet über http://dnb.d-nb.de abrufbar.

ISBN: 9783346398055
Dieses Buch ist auch als E-Book erhältlich.

© GRIN Publishing GmbH
Nymphenburger Straße 86
80636 München

Druck und Bindung: Books on Demand GmbH, Norderstedt Germany
Gedruckt auf säurefreiem Papier aus verantwortungsvollen Quellen

Das vorliegende Werk wurde sorgfältig erarbeitet. Dennoch übernehmen Autoren und Verlag für die Richtigkeit von Angaben, Hinweisen, Links und Ratschlägen sowie eventuelle Druckfehler keine Haftung.

Das Buch bei GRIN: https://www.grin.com/document/1006278

Einsendeaufgabe

Klinische Psychologie II

Alternative B

SRH Fernhochschule – The Mobile University

Modul: Klinische Psychologie II
Studiengang: B. Sc. Psychologie

Von
Anna-Maria Burchard

Psychologie (B.Sc.)

Inhaltsverzeichnis

Tabellenverzeichnis

Abkürzungsverzeichnis

Aufl.	Auflage
bspw.	beispielsweise
bzw.	beziehungsweise
d. h.	das heißt
Ebd.	Ebenda
et. al.	et alii
f.	folgende Seite
ff.	folgende Seiten
S.	Seiten
u. a.	unter anderem
usw.	und so weiter
Vgl.	Vergleiche
z. B.	zum Beispiel

Aufgabe 1

1.1 Der sokratische Dialog: Kennzeichen und Wirkung

Als Sokratischer Dialog wird eine ursprünglich philosophische Unterrichtsmethode bezeichnet, die durch Reflexion und Selbstbesinnung eigenverantwortliches Denken initiiert.[1] Im Athen des 5. vorchristlichen Jahrhunderts wurden philosophische Fragen nach individueller Lebensführung und die Legitimationsgrundlage normativer Regelungen des Zusammenlebens intensiv in der Öffentlichkeit diskutiert. Sokrates zielte darauf ab, Vernunft, eigene Denkkraft und Bildungsfähigkeit zu stärken. Somit lehrte er nichts, sondern hinterfragte jede einmal gefasste Meinung auf ihren Wahrheitsgehalt hin. Da nur noch das Geltung haben sollte, was der Einzelne nach reiflicher Überlegung als wahr oder richtig erkennt, stellte der sokratische Dialog eine Anregung zur selbstständigen Prüfung und Produktion von Wissen dar.[2]

In der Literatur werden nach Stavemann (2015) zwei Varianten vom Verständnis des Sokratischen Dialogs gezeichnet. Einerseits wird dieser als eine Art Disputmethode oder Fragetechnik im Prozess der Kognitiven Umstrukturierung definiert, andererseits wird damit ein speziell strukturierter Gesprächsstil beschrieben, der das eigenverantwortliche, individuelle Bestimmen von Zielen, Moral- und Wertvorstellungen beinhaltet.[3]

Grundsätzlich ist festzuhalten, dass Menschen durch die eigene Wahrnehmung über daraus abgeleitete Erkenntnisse zu Wahrheitsaussagen gelangen. Hierbei wird die Wahrnehmungsfähigkeit des Einzelnen durch biologische, physiologische, kulturelle, soziale, motivationale und lerngeschichtliche Vorgaben bestimmt und beinhaltet individuelle Verzerrungen bei der Speicherung und Verarbeitung der Erinnerung. Aus diesen gespeicherten subjektiven Wahrnehmungsinhalten werden Erkenntnisse abgespeichert, die folglich zu einer „ethnozentrischen" Wahrheitsauffassung führen und durch soziale Interaktionsprozesse gefestigt werden.[4] In beratenden und therapeutischen Settings ist es also grundlegend ,diese Interaktionsprozesse zu nutzen, um bereits vorhandene Wahrheiten, unlogische Fehlattributationen bzw. dysfunktionale Kognitionen durch geleitetes Entdecken bzw. der Methode des sokratischen Dialoges zu ver-

---

[1] Vgl. Stavemann (2015), S.11.

[2] Vgl. Fenner (2015), S. 211f.

[3] Vgl. Stavemann (2015), S. 89.

[4] Vgl. Ebd., S. 69ff.

ändern und ein tiefergreifendes Verständnis für einen Sachverhalt zu erzielen.[5] Generell werden hierbei je nach vorliegender philosophischer Frage drei Dialogformen unterschieden. Der explikative Sokratische Dialog bezieht sich auf die Frage „Was ist das?", dient der Begriffsklärung und möchte den Klienten durch gezielte Betrachtung und Reflexion der eigenen Annahmen zu neuen Erkenntnissen führen. Sind gewisse Einstellungen und Handlungen vor bestimmten Sozialisationshintergründen zu prüfen, dient die Beantwortung innerhalb des normativen Sokratischen Dialogs mit der Frage „Darf ich das?" dem Ziel der eigenen Beantwortung moralischer Konflikte. Der funktionale Sokratische Dialog zielt auf das Beantworten der Frage „Soll ich das?", um zielführendere alternative Einstellungen bzw. Handlungen zu prüfen und konkurrierende Alternativen vor dem persönlichen Lebensziel abzuwiegen.[6]

Da innerhalb des sokratischen Gesprächsstils jede Form der dogmatischen Wissensvermittlung bewusst vermieden wird, um dem Klienten die Möglichkeit zu geben, seine eigene individuelle Wahrheit zu finden, gilt als Grundlage dieses therapeutischen Vorgehens eine offene und verständnisvolle Haltung des Therapeuten, der die lebensphilosophischen Hintergründe des Klienten nachvollzieht und seine Normen und Sichtweisen versteht. Durch diese nicht-wissende, naiv fragende, um Verständnis bemühte, dem Klienten zugewandte und akzeptierende Gesprächshaltung, können dysfunktionale Behauptungen durch selbst gefundene, widerspruchsfreie, inhaltlich logisch abgeleitete und auf die persönlichen Ziele des Klienten ausgerichtete Normen ersetzt werden, die den Sozialisationshintergründen und ethisch-moralischen Vorstellungen des Klienten entsprechen.[7] Das bedeutet, dass die Dialogstrategie in der Praxis sich speziell darauf fokussiert, wie das Wissen des Klienten hinterfragt wird, um den Klienten in einen wichtigen (Ausgangs-)Zustand „innerer Verwirrung" zu versetzen, welcher neue funktionale Erkenntnisse ermöglicht. Hierbei werden verschiedene effektive Frage- und Disputtechniken sowie die Methode der regressiven Abstraktion mithilfe von Alltagsbeispielen, Metaphern, Analogien, Reframing-Methoden, Humor, Ironie, Rollentausch, Überzeichnungen oder Verhaltensübungen eingesetzt, um Behauptungen des Klienten zu reflektieren bzw. zu prüfen und den strukturierten Prozess des sokratischen Dialogs grundlegend zu stützen.[8]

---

[5] Vgl. Röhner/Schütz (2016), S.94.

[6] Vgl. Stavemann (2015), S. 94.

[7] Ebd., S. 97f.

[8] ebd.

Um nun durch die Methode des sokratischen Dialoges dem Klienten ein tiefergreifendes Verständnis bezüglich eines Sachverhaltes zu ermöglichen, wird der Klient mithilfe von gezielten Fragen seitens des Therapeuten innerhalb einer Reihung von sieben Schritten in eine aktive Rolle versetzt. Zu Beginn steht die Auswahl des Themas bzw. des dysfunktionalen Gedankens.[9] Dies kann beispielsweise der Satz „Ich bin ein wertloser Mensch" sein. Daraufhin folgend wird die „Was ist das?"-Frage definiert. Hierbei lässt der Therapeut den Klienten den Wert eines Menschen und speziell den eigenen Wert selbst beschreiben. Anschließend wird als dritter Punkt das Thema konkretisiert und der Alltagsbezug hergestellt. Hat der Klient in seiner Umschreibung der Definition vom Wert eines Menschen beispielsweise bestimmte Definitionswörter wie Ehrlichkeit, Vertrauenswürdigkeit, Zuverlässigkeit und Fleiß genutzt, kann dies nun vom Therapeuten hinterfragt werden: „Und wenn eine Person diese Eigenschaften erfüllt, halten Sie diese für einen wertvollen Menschen?" oder „Haben Sie ein konkretes Beispiel für so einen Menschen in ihrem Bekanntenkreis?". Im vierten Schritt wird die Konkretisierung des Klienten durch den Therapeuten vertieft oder auch umformuliert: „Menschen die ehrlich, vertrauenswürdig, zuverlässig oder fleißig sind, sind wertvolle Menschen?". Der fünfte Schritt strebt die Widerlegung durch funktionale inhaltlich logische Disputationen der aufgestellten Behauptung bzw. des dysfunktionalen Gedankenmusters an. Dies kann beispielsweise durch eine polarisierende Alles-oder-Nichts-Frage seitens des Therapeuten eingeleitet werden: „Und wenn eine dieser Eigenschaften fehlt, dann halten Sie ihn für ein wertloses Subjekt?". Der Klient wird hierdurch dazu angehalten, seine Definitionsaussage eigenständig zu überprüfen und gegebenenfalls neue Definitionen hinsichtlich des Wertes eines Menschen zu formulieren. Der sechste Schritt führt zu einer alternativen funktionalen Definition bzw. eines widerspruchsfreien Modells.[10] Für die Benennung alternativer Attributionen wird der Klient vom Therapeuten verbal sowie nonverbal durch Lob, Nicken, Lächeln oder weiteren positiven Interaktionen bestätigt.[11] Anschließend kann der Therapeut beispielsweise die bisherigen Ergebnisse des Dialoges und der Wertdefinition des Klienten zusammenfassen und anhand eines Analogiebeispiels zur Lösung führen: „Wenn wir beispielsweise die Leistung einer Sportmannschaft beurteilen sollten, wie würden wir da sinnvollerweise vorgehen: Einen Mittelwert bilden oder jeden Spieler einzeln beurteilen?" Dies kann dem

---

[9] Vgl. Röhner/Schütz (2016), S. 94.

[10] Vgl. Stavemann (2015), S. 150.

[11] Vgl. Wittke (2014), S. 57.

Klienten dazu verhelfen, die Lösung auf das eigene Problem zu übertragen und die Komplexität der Definition des Wertes eines Menschen sowie des eigenen Wertes in ein widerspruchsfreies Modell zu verändern. Hat der Klient seine pauschale Bewertung und Definition hinsichtlich des Zusammenhangs verschiedener Attribute und dem Wert einer Person erkannt, ist der abschließende, siebte Schritt erreicht und die Ergebnisse können zusammengefasst und überprüft werden.[12]

Zusammengefasst kann das Ziel des sokratischen Dialogs als eine Art des geleiteten und strukturierten Reflektierens der eigenen Gedanken definiert werden, die einen Perspektivwechsel ermöglichen, der tiefere Einsichten und neue Erkenntnisse hervorbringt. Hierdurch entstehen eigenverantwortliche Lösungen, Mut zur Selbstbestimmung, autonome Definitionen eigener Lebensinhalte, -ziele und Normen für lebensphilosophische Fragestellungen oder Probleme, die zu einem selbstbestimmten Leben führen.[13]

1.2 Einfluss auf Resilienz und Stressoren

Resilienz beschreibt die menschliche Widerstandsfähigkeit gegenüber schwierigen Lebensumständen und steht für psychische Robustheit, Widerstandskraft oder Unverwundbarkeit.[14] Der Mensch benötigt sie, um Risiken und Herausforderungen bewältigen zu können und zur Ausschöpfung von Potentialen, welche die persönliche Entwicklung fördern. Insbesondere in Phasen höchster Beanspruchung fungiert Resilienz als eine Reservefähigkeit, um das Risiko einer psychischen Beeinträchtigung zu reduzieren oder ihr entgegen zu wirken.[15] Gesundheitserhaltende Schutzfaktoren wie Kohärenzsinn, Optimismus, Humor oder Flexibilität bei der Zielverfolgung und Zielerreichung konnten im Rahmen der Resilienzforschung mit dem Grad der psychischen Anpassung an besondere Belastungen in Zusammenhang gebracht werden. Hierbei gehört die Selbstwirksamkeit als eine der wichtigsten Komponenten der Resilienz zu den besterforschten Eigenschaften der Psychologie[16] und beschreibt die Überzeugung eines Menschen, Dinge aus eigener Kraft gestalten und zum Positiven verändern zu können. Zusammen mit der Komponente Selbstvertrauen ergeben sich daraus erfolgreiche

---

[12] Vgl. Stavemann (2015), S. 150ff.

[13] Ebd., S. 93.

[14] Vgl. Henninger (2016), S.158.

[15] Vgl. Rolfe (2019), S. 105-107.

[16] Vgl. Mourlane (2015)

Problemlösungsgrundlagen. Außerdem hängt die Resilienz eines Menschen von der sog. Copingstrategie ab, die den Umgang einer Person mit Stressoren (Alltagsereignisse, kritische Lebensereignisse oder Traumata) beschreibt. Stressoren können laut Myers auf verschiedene Arten ausgelöst werden.[17] So löst beispielsweise ein Stressor, dessen Auswirkung nicht eingeschätzt werden kann, erheblich stärkeren Stress aus, im Vergleich zu Stressoren mit absehbaren Folgen.[18]

Der Einfluss des sokratischen Dialogs bezüglich Resilienz und Stressoren liegt somit auf der Transformation negativer Stressoren in die Widerstandsfähigkeit stärkende Schutzfaktoren. Durch das systematische Aufbrechen dysfunktionalen Denkens mithilfe des sokratischen Dialogs wird ein Perspektivwechsel ermöglicht, der nicht nur zu eigenverantwortlichen Lösungen führt, sondern vielmehr den Mut zu Selbstbestimmung fördert, woraus sich Selbstwirksamkeit entwickelt, die (wie oben aufgeführt) eine Grundlage resilienter Persönlichkeiten bildet. Gleichermaßen definiert, laut Boud et al. (1985), das Selbstbewusstsein einen zentralen Teil der Resilienz, der es ermöglicht, Gefühle zu analysieren und relevante Ereignisse zu erkennen.[19] Die Bewertung des Selbst ist Grundlage dafür, wie wir uns im Umgang mit anderen orientieren und verhalten.[20] Durch die sokratische Gesprächsführung und das damit verbundene Reflektieren wird Selbstbestimmung gefördert und folglich eine Stärkung des Selbstbewusstseins bewirkt.

Weiterhin führt die Bildung autonomer Definitionen hinsichtlich lebensphilosophischer Fragen und Probleme zur Stärkung des Kohärenzsinns, der das überdauernde und dennoch dynamische Gefühl des Vertrauens in die Erklärbarkeit der Umwelt und die Bewältigung von Herausforderungen definiert.[21] Stressoren, deren Folgen zuvor als unvorhersehbar definiert wurden, können durch die sokratischen Gesprächsführung sinnhaft, strukturiert und erklärbar eingeordnet werden.

Bezüglich Resilienz fördernder Copingstrategien verhilft die sokratische Gesprächsführung durch die Verbalisierung der vorhandenen Problematik, der Reflektion sowie des daraus resultierenden Perspektivwechsels dazu, adaptive Copingstile wie problemfokussiertes (Situation analysieren, systematisch vorgehen), bedeutungsfokussiertes (Sinn herstellen, positiv interpretieren), emotionsfokussiertes (sich selbst aufmuntern oder beruhigen) oder auch beziehungsfokussier-

---

[17] Vgl. Myers (2014), S. 537f.

[18] Vgl. Rolfe (2019), S.107.

[19] Vgl. Ispaylar (2016), S. 179.

[20] Vgl. Frey/Henninger/Lübke/Kluge (2016), S.5.

[21] Vgl. Ehlert (2018), S. 727.

tes (um Unterstützung bitten, sich austauschen) Coping zu entwicklen bzw. zu erweitern,[22] um somit den Umgang mit Stressoren zu bewältigen.

1.3 Beratungssituationen

Grundsätzlich wird die Anwendung des Sokratischen Dialogs besonders für änderungsresistente kognitive Umstrukturierungen genutzt und ist sowohl in psychoanalytischen, tiefen- und individualpsychologischen Schulen, wie auch bei den Gesprächs- und Kognitiven Therapieschulen vertreten.[23] Sie ist vor allem dann indiziert, wenn es um größere Themen wie ethische bzw. philosophische Fragen,[24] Begriffsklärung, dysfunktionale Grundüberzeugungen oder eigenverantwortliche Entscheidungen geht[25] und dient als eine elegante Lösung, um beim Klienten keine Reaktanz auszulösen, die dazu führen könnte, den Klienten zu verlieren.[26]

Explikative Sokratische Dialoge finden Einsatz im Bereich von Kommunikationsstörungen bei Paaren und Gruppen, bei Klienten mit negativen Begriffserklärungen oder um bei depressiven Klienten Sinnfragen und Lebensziele zu definieren. Normative Sokratische Dialoge sind indiziert, wenn es um das Erstellen einer Wertehierarchie hinsichtlich ethisch-moralischer Fragen geht, während mithilfe des funktionalen Sokratischen Dialogs Verhaltensweisen hinterfragt und Zielhierarchien erarbeitet werden. Es lässt sich jedoch festhalten, dass ein sokratischer Dialog nur mit Personen begonnen werden sollte, die die Fähigkeit zur Reflexion, Problembewusstsein und Veränderungsmotivation und eine reflexive Persönlichkeit besitzen.[27]

Aufgabe 2

2.1 Der kognitiv-behaviorale Ansatz

Der kognitiv-behaviorale Ansatz entwickelte sich aus der behavioristischen Psychologie nach J. B. Watson, der 1919 mit seinen Veröffentlichungen den behavioristischen Standpunkt erläuterte, der schnell an Bedeutung gewann. Als charakte-

---

22 Vgl. Rolfe (2019), S. 108.

23 Vgl. Stavemann (2015), S.115.

24 Vgl. Hellwig (2020), S.111

25 Vgl. Stavemann (2015), S.118.

26 Vgl. Wittke (2016), S. 56.

27 Vgl. Stavemann (2015), S. 118ff.

ristisches Merkmal dieser sogenannten „1. Welle" gilt die Übertragung von Ergebnissen aus tierexperimenteller Forschung auf die Psychotherapie. Fast zeitgleich waren es in den 50er-Jahren in den USA Skinner und Solomon, in England Eysenck und Shapiro, in Südafrika Wolpe, Rachman und Lazarus, die daraufhin die Anfänge der Verhaltenstherapie begründeten. Durch den Fokus auf die aus dem klassischen Behaviorismus stammende Black-Box-Metapher wurde das Hauptaugenmerk nicht auf innere psychische Prozesse gelegt, sondern auf objektiv beobachtbare dysfunktionale Verhaltensweisen, die mithilfe der systematischen Anwendung der klassischen bzw. operanten Konditionierung das Verlernen dysfunktionaler Verhaltensweisen der Patienten zum Ziel hatte.[28] Generell gilt der Behaviorismus als radikale Ansicht, die den Schwerpunkt nicht auf Persönlichkeitseigenschaften, Motive oder anderen Bewusstseinsinhalte legt, sondern ausschließlich auf das Verhalten von Menschen und Tieren reduziert.[29]

Die kognitiven Aspekte dieses Ansatzes wurden mit der 2. Welle aus zwei unterschiedlichen Feldern angestoßen. Zunächst waren es vor allem Beck und Ellis, die den Einfluss von Kognitionen auf das Verhalten beschrieben. In den 60er Jahren entstand in der akademischen Psychologie eine Verlagerung des Forschungsschwerpunkts auf kognitive Prozesse.[30] Somit entwickelte sich die zuvor stark auf Lernprinzipien beruhende Theorie, die eine direkte Verbindung zwischen Stimulus und Verhalten sah, zu einer kognitiv geprägten Theorie, in der vor allem die Gedanken, die einen bestimmten Stimulus betreffen, das Verhalten beeinflussen.

Sämtliche Vertreter kognitiver Verfahren beziehen sich auf philosophische Ideale der Lebensführung, die bereits in der Antike von den Epikureern und Stoikern formuliert wurden. So teilen diese die Auffassung, dass Affekte, Gefühle und Leidenschaften in hohem Maße durch kognitive Prozesse bestimmt sind, und begründen hierdurch zentrale Elemente des kognitiven Vorgehens.[31]

Beck bezieht sich in seiner kognitiven Therapietheorie auf eben diese antiken Vordenker und der Annahme, dass Kognitionen (Gedanken, Vorstellungen, Erwartungen, Wahrnehmungsstile) das emotionale Befinden beeinflussen und Störungen der Affektivität aus der Aktivierung von Schemata resultieren, die eine idiosynkratische Sicht der eigenen Person, der Umwelt und der Zukunft aufwei-

---

[28] Vgl. Helle (2019), S. 127.

[29] Vgl. Heckhausen/Heckhausen (2018), S.84.

[30] Vgl. Helle (2019), S. 140.

[31] Vgl. Margraf/Schneider (2018), S. 500.

sen. Diese störungsspezifischen Schemata werden von Beck als Grundlagen der Reizwahrnehmung und Informationsverarbeitung beschrieben, die durch akute belastende Erfahrungen oder Erfahrungen während des Sozialisationsprozesses entstanden sind. Ähneln spezifische Erfahrungen den Erfahrungen während der Entstehung des Schemata, werden unfreiwillig und reflexhaft „automatische" Gedanken in Gang gesetzt, die die dysfunktionalen Grundüberzeugungen stützen.[32] Ellis Annahme im Rahmen der von ihm begründeten Rational-Emotiven Therapie war, dass vor allem irrationale Überzeugungen und dysfunktionale Gedanken den Ursprung von psychischen Erkrankungen darstellen. In diesem Zusammenhang entwickelte er auch das triadische ABC-Modell, das postuliert, dass nicht konkrete Ereignisse (A=„activating events") selbst, sondern erst deren Bewertung (B=„believe system") der Person zu emotionalen und Verhaltenskonsequenzen (C=„consequences") führen. Es sind folglich nicht die Ereignisse in der Umwelt, die zur psychischen Belastung führen, sondern wie diese bewertet werden. Als Ziel der Rational-Emotiven Therapie gilt, dem Patienten durch die Maximierung rationalen und Minimierung irrationalen Denkens zu neuen Bewertungen zu verhelfen.[33]

2.2 Klientenzentrierter Ansatz

Die Gruppe der Therapie-Verfahren, die der Humanistischen Psychologie zugehörig, sind gehen davon aus, dass durch die menschliche Vorstellungskraft und Kreativität unendlich viel Wissen erreicht werden kann, sodass jede neue Erkenntnis nur relative Bedeutung besitzt. Hierzu wurden von Bugental (1964) fünf Grundprinzipien der Humanistischen Psychologie wie folgt zusammengefasst:[34]

1. „Der Mensch in seiner Eigenschaft als menschliches Wesen ist mehr als die Summe seiner Bestandteile".

2. „Das menschliche Existieren vollzieht sich in menschlichen Zusammenhängen". D.h., der Mensch ist abhängig von zwischenmenschlichen Beziehungen, ohne die er nicht existieren könnte.

3. „Der Mensch lebt bewusst". Er kann seine Erfahrungen einordnen und verstehen.

4. „Der Mensch ist in der Lage zu wählen und zu entscheiden". Das folgt direkt aus dem Vorangegangenem, da er durch seine Bewusstheit aktiv entscheiden

---

[32] ebd.

[33] Vgl. Helle (2019), S. 141.

[34] Vgl. Quittmann (1991), S.16f.

und seine Situation verändern kann.

5. „Der Mensch lebt zielgerichtet". Er hat bestimmte Werte und Bedürfnisse, die er erreichen will und gleichzeitig die Grundlage seiner Identität bilden.

Auch wenn innerhalb humanistischer Verfahren Unterschiede festgestellt werden können, wird die Bedeutung einer empathischen und bedingungslos wertschätzenden therapeutischen Beziehung als Grundlage angesehen, die bereits das Potenzial konstruktiver Veränderung in sich trägt. Ebenso ist das subjektive Erleben des Klienten, das der Psychotherapeut oder Berater empathisch begleitet und das weit über das einer alltäglichen Beziehung hinausgeht, bedeutend, da eben diese Beziehungserfahrung für den Klienten ein neues und emotional validierendes Erlebnis darstellt, das die Ressourcen in den selbstregulierenden Aktualisierungsprozessen anregt. Diese Veränderung nicht akzeptierter Existenzbereiche und Erlebnisausblendungen, bestärkt den Patienten darin, sich einer Seinsweise anzunähern, die kongruent zu seinem Wesen ist.[35]

Carl Rogers Beitrag zur Humanistischen Psychologie liegt vor allem darin, dass es ihm gelungen ist, das Menschenbild, das mit einem bedingungslosen Vertrauen in die dem Menschen innewohnenden Wachstumskräfte verknüpft ist, in eine anerkannte Therapieform der Gesprächspsychotherapie, zu überführen, die die Begegnung zwischen Therapeut und Klient in das Zentrum stellt: die Gesprächspsychotherapie. Rogers Menschenbild wurde in großem Ausmaß von seiner Biografie und seiner therapeutischen Arbeit geprägt und er entwickelte daraus eine ganz eigene Persönlichkeitstheorie, die in jeder seiner theoretischen und praktischen Arbeiten zu finden ist. Der Idealzustand des Menschen wird von Rogers als die „fully functioning person" beschrieben, die eine Offenheit für ihre Erfahrungen zeigt.[36] Weitere zentrale Begriffe seiner Theorie sind die „Aktualisierungstendenz", das „Selbst" und die „Inkongruenz". Rogers geht davon aus, dass der Mensch eine innere Tendenz besitzt, seine Fähigkeiten so zu entwickeln, dass sie den Organismus erhalten oder vervollkommnen.[37] Diese Tendenz bezeichnet er als „Aktualisierungstendenz". Als Beispiel bezieht er sich auf das Kleinkind, dass laufen lernt und sich trotz Fehlschlägen und Frustrationen einer Bewegungsart nähert, die seine Möglichkeiten ausweiten und bereichern. Wird also eine passende Umgebung für persönliches Wachstum geschaffen, kann man sich auf diese Tendenz verlassen und darauf, dass Hindernisse und

---

[35] Vgl. Helle (2019), S. 69.

[36] Vgl. Helle (2019), S. 71.

[37] Vgl. Rogers (1994), S. 491.

Schmerzen überwunden werden können. Das „Selbstkonzept" beschreibt Rogers als eine organisierte Konfiguration von Wahrnehmungen des Selbst, die dem Bewusstsein zugänglich sind, auch wenn diese im Bewusstsein nicht immer präsent sind.[38] Es entsteht schon in der frühkindlichen Entwicklungsphase, ist jedoch sehr wandelbar. Es besteht aus Wahrnehmungen der eigenen Person und den Wahrnehmungen des Selbst in Bezug zu anderen sowie zur Umgebung. Alle Erfahrungen eines Menschen werden aufgrund von Wertvorstellungen, die ebenfalls zum Selbstkonzept gehören, als positiv oder negativ bewertet und können somit seine Gestalt verändern. Der dritte Aspekt, die „Inkongruenz", wird von Rogers als Diskrepanz beschrieben, die zwischen dem Erleben des Organismus und dem Selbstkonzept entstehen kann.[39] Dabei kann die Aktualisierungstendenz eine sich widerstrebende Rolle einnehmen, wenn das Selbstkonzept durch sie unterstützt wird, der Organismus jedoch zu einer anderen Seite tendiert, um seine Bedürfnisse, die sich vom Selbstkonzept unterscheiden können, zu erfüllen. Der hieraus resultierende Konflikt wird nach Rogers als Grundlage der Angst gesehen.

Hinsichtlich der therapeutischen Haltung innerhalb der klientenzentrierten Therapie definierte er drei wichtige Kernvariablen, die er als hinreichende und notwendige Bedingungen therapeutischer Veränderungsprozesse beschrieb. Hierzu zählen Empathie, unbedingte Wertschätzung und Kongruenz bzw. Echtheit.[40] Das emphatische Verstehen des Therapeuten wird durch das Einfühlen in die innere Welt des Patienten und seinen damit zusammenhängenden Gefühlen erzeugt, durch die der Therapeut seinem Klienten Ansatzpunkte zur Selbstexploration geben kann. Durch die unbedingte Wertschätzung und Akzeptanz des Klienten wird ein sicherheitsspendendes Klima geschaffen. Da die Gesprächspsychotherapie als zentrales Ziel eine Verminderung der Inkongruenz des Klienten sieht, steht eine authentisch-kongruente Haltung des Therapeuten im Vordergrund. Gelingt es, diese drei Variablen erfolgreich einzusetzen, beginnt seitens des Klienten ein Prozess, der ihm ermöglicht, Gefühle und Intentionen, die bisher verdrängt wurden, wahrzunehmen. Diese emotionale Kompetenz lässt den Klienten nicht nur spezifische Erfahrungen besser einordnen, sondern auch Autonomie, Selbstachtung und Selbstakzeptanz entstehen.[41]

---

[38] Vgl. Rogers/Bommert/Eckert (1995), S. 135.

[39] Vgl. Rogers (1994), S. 492f.

[40] Vgl. Margraf/Schneider (2018), S. 643.

[41] Vgl. Mahr (2018), S. 89f.

Rogers klientenzentrierte Gesprächspsychotherapie zählt zu den wissenschaftlich anerkannten Psychotherapieverfahren, die auch heute noch therapieverfahrensübergreifend gewürdigt und als bedeutsam angesehen wird.

2.3 Konvergenzen und Divergenzen

Obwohl die klientenzentrierte und die kognitiv-behaviorale Beratung eine individuumsbezogene Sichtweise in den Vordergrund stellen, unterscheiden sich beide Ansätze in den Grundlagen ihrer Theorien, ihres Menschenbildes und ihrer Methoden.

Ein wichtiges diskrimitatives Merkmal der kognitiv-behavioralen Beratung im Vergleich zur klientenzentrierten Beratung ist, dass nicht die Beziehung zwischen Berater und Klient sowie die Schaffung besonderer Bedingungen im Vordergrund stehen, sondern primär, mithilfe von empirisch prüfbaren Methoden, eine Änderung bestimmter Verhaltensweisen erwirkt werden soll. Folglich findet man die bei der klientenzentrierten Beratung beobachtbaren prozessorientierten Herangehensweisen nicht im kognitiv-behavioralen Ansatz, der sich eben gerade dadurch auszeichnet, dass am Anfang der Beratung klare Ziele formuliert werden, deren Fortschritt oft systematisch überprüft wird.

Das mechanistische Menschenbild des kognitiv-behavioralen Ansatzes entspringt vor allem den Lerntheorien, die den Menschen als von Geburt neutral, sowie jede Form von Verhalten und Überzeugungen als im Laufe des Lebens angelernt sieht. Die Gefühle des Menschen werden nur sekundär betrachtet, da davon ausgegangen wird, dass diese nicht direkt beeinflussbar sind und allein über die Veränderungen von Gedanken ein Einfluss auf die Gefühle ausgeübt wird. Im Gegensatz hierzu steht in der humanistischen Psychologie der Mensch im Mittelpunkt. Dies bedeutet folglich, dass der forschende Mensch auch immer selbst Teil der Forschung ist. Obwohl Methodik (z. B. Testversuche und Statistiken) nicht prinzipiell abgelehnt werden, muss sie sich den Erfahrungen des forschenden Menschen und den Bedeutungszusammenhängen des „menschlichen Seins" unterordnen. Dies ist ein wichtiger Unterschied im Gegensatz zum Behaviorismus, da aus dieser Sichtweise heraus kein Anspruch auf wissenschaftliche Objektivität gestellt werden kann, weil der Mensch mit all seiner Individualität in „das zu erforschende" mit hineinspielt.

Im Gegensatz zur klientenzentrierten Beratung existieren in der kognitiv-behavioralen Beratung eine Fülle unterschiedlicher Methoden die zur Erreichung einer Verhaltensänderung dienen. Der kognitiv-behaviorale Berater unterstützt den Klienten dabei, selbst als eine Art Wissenschaftler zu arbeiten, der seine Gedanken und Überzeugungen erforscht und entscheidet, welche davon modifiziert werden sollen. Damit ist das Verhalten des Beraters zwar direktiver als im klientenzentrierten Ansatz, setzt den Fokus jedoch nicht auf das Verstehen des Klienten, sondern ausschließlich auf die Verhaltensänderung.

In der Praxis wird kognitiv-behaviorale Beratung vor allem bei Klienten eingesetzt, wenn eine zeitnahe Verhaltensänderung herbeigeführt werden soll. Ebenso sind verhaltenstheoretische Maßnahmen in Prävention und Gesundheitsförderung zu finden. Im Gegensatz hierzu eignet sich die klientenzentrierte Beratung vor allem dann, wenn keine akuten Verhaltensprobleme bestehen, sondern die Auseinandersetzung mit den eigenen Gefühlen im Vordergrund steht.

Aufgabe 3

3.1 Psychotherapie

Psychotherapie wird als ein bewusster und geplanter interaktioneller Prozess zur Beeinflussung von Verhaltensstörungen und Leidenszuständen, die in einem Konsensus (zwischen Patient, Therapeut und Bezugsgruppe) für behandlungsbedürftig gehalten werden, definiert. Auf Grundlage einer tragfähigen emotionalen Bindung wird mithilfe psychologischer Mittel, wie Kommunikation (verbal, aber auch nonverbal) und Techniken auf Basis bestimmter Theorien, ein gemeinsames Ziel erarbeitet.[42] Als wichtigste Grundorientierung psychotherapeutischer Ansätze dient das Vier-Säulen-Modell, das psychodynamische Verfahren, systematische Verfahren, humanistisch-psychologische Verfahren und verhaltenstherapeutische bzw. kognitiv-behaviorale Verfahren beinhaltet.[43] Psychodynamische Therapieverfahren gehen auf Freuds Psychoanalyse zurück und davon aus, dass alle Störungen, die im Erwachsenenalter auftreten, jeweils auf traumatische Erlebnisse in der Kindheit zurückzuführen sind. Von den Krankenkassen werden heute zwei dieser psychodynamischen Verfahren anerkannt: die analytische Psychotherapie sowie die tiefenpsychologisch fundierte Psychotherapie.[44] Eine weitere, anerkannte Therapie ist die Verhaltenstherapie, die auf der empirischen Psychologie basiert. Die psychotherapeutische Grundorientierung enthält sowohl störungsspezifische als auch störungsunspezifische Therapieverfahren und ist auf eine

---

[42] Vgl. Benecke (2014) S. 435

[43] Vgl. Kriz (2009), S. 3f.

[44] Vgl. Wittchen/Hoyer (2011), S. 465.

systematische Besserung der zur behandelnden Problematik ausgerichtet.[45] Die humanistische Psychotherapie unterscheidet sich von den anderen Therapieverfahren darin, dass sie verschiedene Ansätze mit der Basis eines bestimmten Menschenbildes als Grundlage vereint. Ebenso ist die systemische Therapie zu erwähnen, deren Ansatz darin liegt, dass psychische und körperliche Krankheiten nicht individuell betrachtet werden, sondern auch die Menschen des persönlichen Umfeld, in den Therapieprozess mit einbezieht.[46]

3.1.1 Fallbeispiel Psychotherapie

Die 23-jährige Sarah berichtet, dass sie sich seit sechs Jahren mehrmals täglich erbricht. Im Gespräch mit dem Therapeuten erklärt sie, dass sie dieses Verhalten anfangs als Instrument nutzte um Gewicht zu verlieren, dies jedoch nicht mehr kontrollieren kann.

Vor Beginn der Therapie ist eine umfassende Abklärung der Klassifikationskriterien bzw. Diagnosestellung sowie zur Erfassung therapierelevanter Informationen die Durchführung eines strukturierten Interviews nötig.[47] Zur Diagnosestellung wird das strukturierte klinische Interview (SKID I) herangezogen und Bulimia Nervosa (ICD-10: F50) diagnostiziert. Innerhalb der Verhaltensanalyse werden die Probleme der Patientin als Folge früher Erfahrungen innerhalb ihrer dysfunktionalen Familie zurückgeführt, woraus sich der Leitsatz: „Ich bin nicht gut genug" in ihr entwickelte. Zusammen mit der Patientin werden mithilfe einer Zielerreichungsskala (Goal Attainment Scale, Kiresuk & Sherman)[48] die Therapieziele bestimmt. Hinsichtlich der Körperwahrnehmung ist die Reduktion des induzierten Erbrechens ein primäres Ziel. Inadäquate Kognitionen und Ängste bezüglich des eigenen Körperschemas sollen modifiziert werden. Ebenso sollen in Bezug auf soziale Kontakte Strategien im Umgang mit den Anforderungen des Umfelds sowie eine offene Kommunikation gefördert werden. Bezüglich familiärer Konflikte ist das Ziel die Aufarbeitung der intrapsychischen Konflikte der Patientin und daraus resultierend neue Wege, wie sie mit Problemthemen umgehen kann.

Zur Erreichung dieser Ziele werden fünf Therapiesitzungen in Form der narrativen Expositionstherapie (NET) vereinbart. Innerhalb der ersten Sitzung wird vor allem Wert auf den Beziehungsaufbau gelegt, Informationen zum Ablauf der Therapie

---

[45] Vgl. Margraf/Schneider (2018), S.5.

[46] Vgl. Mahr (2018), S.12.

[47] Vgl. Tuschner-Caffier/Florin (2012), S. 16.

[48] Vgl. Kiresuk/Sherman (1968).

sowie zum Setting vermittelt und eine vertrauensvolle Beziehung geschaffen. Die zweite Sitzung beginnt mit dem Legen der Lifeline. Hier werden die biografische Entwicklung und die Abfolge der traumatischen Lebensereignisse in einer Gesamtschau chronologisch entlang der Zeitachse nachvollzogen. Diese biografische Erarbeitung des emotionalen Bedeutungsprofils können Ordnung und Sinn in die Vergangenheit bringen. In der dritten Sitzung kommt die Patientin zu dem Ergebnis, dass es bei ihrer Krankheit um Kontrolle geht und liest zum ersten mal, wie vom Therapeuten angeregt, Tagebuch-Notizen über die Bulimie in Zusammenhang mit ihrem Leben und ihrem Selbstbild vor. Die darauf folgenden Sitzungen beinhalten die Zielsetzung. Es wird erarbeitet, was die Patientin machen würde, wenn sie nicht mehr an Bulimie erkrankt wäre, wodurch die Patientin stetig positiver hinsichtlich des Ausgangs der Therapie wird. Ebenso wird vor dem biographischen Hintergrund der Patientin erläutert, woher ihr Wunsch kommt, perfekt sein zu müssen sowie das Gefühl der Wertlosigkeit, wenn diese Perfektion nicht zu erreichen ist. Die finale Sitzung wird dazu genutzt, die Lebensgeschichte vorzulesen sowie die Erfolge der Patientin zusammenzufassen. Die Kriterien der Bulimia Nervosa sind bei Therapieende nur noch leicht ausgeprägt und das Induzieren von Erbrechen konnte reduziert werden.[49]

3.2 Beratung

Die Beratung entwickelte sich aus dem Handlungskonzept der Sozialen Arbeit zu einer eigenständigen Disziplin,[50] gehört zu den Stützen des „social support" und kann als zwischenmenschlicher Prozess beschrieben werden, in welcher der Klient durch die Interaktion mit dem Berater mehr Klarheit über seine Probleme und deren Bewältigungsmöglichkeiten (Bewältigungsstrategien, Coping) erreicht. In einem gemeinsamen Prozess der Orientierung, Planung, Entscheidung und Handlung wird versucht, bio-psycho-soziale Ressourcen von Personen und sozialökologische und ökonomische Ressourcen von Umweltsystemen zu entdecken.[51] Folglich ist das Ziel psychosozialer Beratung eine selbstbestimmte und selbstkontrollierte Gestaltung von Alltag und Leben, die Nutzung von Entwicklungschancen zu sichern sowie Belastungen und Krisen zu verhindern bzw. möglichst früh anzugehen um deren Folgen für Personen und Systeme konstruktiv zu bewältigen.

---

[49] Vgl. Schauer/Leuschner (2014), S. 226ff.

[50] Vgl. Schubert/Rohr/Zwicker-Pelzer (2019), S. 16.

[51] Vgl. Rechtien (2020), S. 280.

Ein professioneller Beratungsprozess zeichnet sich durch einen in drei Phasen strukturierten Ablauf aus, der einer inneren Logik folgt. In der Anfangsphase findet das Erstgespräch statt. Der Klient schildert dem Berater seine Lebenssituation sowie sein akutes Problem. Daraufhin folgend wird eine Arbeitshypothese ausformuliert. Diese erste Phase soll den Beziehungsaufbau zwischen Berater und Klienten ermöglichen. Ebenso wird ein Arbeitsvertrag zwischen dem Berater und dem Klienten geschlossen, der die Rahmenbedingungen der kommenden Zusammenarbeit beinhaltet. In der Mittelphase bzw. der eigentlichen Arbeitsphase, die je nach Arbeitsweise des Beraters variieren kann,[52] wird konkret an Veränderungen und Neubewertungen gearbeitet, ohne dabei die Aufrechterhaltung der Arbeitsbeziehung zu vernachlässigen.[53] Anschließend folgt die Endphase, in welcher der Klient auf das Verständnis des eigenverantwortlichen Handelns vorbereitet wird, indem gemeinsam herausgearbeitet wird, welche Lebensumstände und Verhaltensweisen geändert werden, woraufhin der Transfer in die eigene Lebenswelt umgesetzt wird.[54] In der Abschlussphase erfolgt eine kurze, freundliche Verabschiedung, die häufig einem bestimmten Ritual folgt.[55]

3.2.1 Fallbeispiel Beratung

Der 17-jährige Samuel ist Schüler am Gymnasium und möchte im folgenden Jahr sein Abitur absolvieren. Seit einigen Monaten ist er trotz großer Anstrengung bei Prüfungen wie blockiert, seine Leistungen sinken, er hat Schlafstörungen und Angst, die bevorstehenden Prüfungen nicht zu bestehen. Samuel wird von seiner Freundin dazu angeregt, diesbezüglich die Schulpsychologin für ein Beratungsgespräch aufzusuchen. Die Schulpsychologin lässt Samuel seine Problematik schildern. Durch aktives Zuhören und verbalisiertes Spiegeln wiederholt sie seine zentralen Aussagen hinsichtlich seiner Ängste, gibt ihm das Gefühl verstanden und wertgeschätzt zu werden und priorisiert wichtige Punkte in der Bearbeitung seines Anliegens. Hierzu wird eine Arbeitshypothese ausformuliert, die wesentliche Punkte des Anliegens thematisiert. In Samuels Fall soll seine Prüfungsangst überwunden werden. Hierzu werden vier Termine vereinbart. Im zweiten Gespräch erzählt die Psychologin Samuel über ihre eigene Prüfungsangst während ihres Studiums und verhilft ihm Scheu abzubauen, um ihn dazu anzuregen, sein

---

[52] Vgl. Schubert/Rohr/Zwicker-Pelzer (2019), S. 164.

[53] Vgl. Karim/Bialek (2016), S. 67f.

[54] ebd.

[55] Vgl. Schubert/Rohr/Zwicker-Pelzer (2019), S. 165.

Anliegen zu vertiefen. Samuel restrospektiert, wann die Prüfungsangst begann und wie sich diese seither entwickelte. Die Psychologin fasst erneut Schlüsselwörter und Kontexte zusammen und fordert ihn heraus, seine gewohnte Sichtweise zu überdenken, indem sie ihn fragt, was seiner Annahme nach passieren würde, wenn er das Abitur nicht besteht. Samuel wird somit mit einer tiefergehenden Exploration konfrontiert, auf die er vorerst keine Antwort weiß. Im darauf folgenden Gespräch beginnt Samuel mit der Erkenntnis, dass er im schlimmsten Fall das Abitur wiederholen würde. Die Psychologin bespricht mit Samuel seinen Lernalltag und versucht zielgerichtete Veränderungen mithilfe der SMART-Kriterien in Samuels Lebenswelt zu übertragen. Zur Handlungsplanung erklärt die Psychologin Samuel verschiedene Entspannungs- und Konzentrationstechniken sowie die Wirkungsweise alltäglicher Routinen wie bspw. Sport und geregelten Lernzeiten. Im vierten Gespräch erzählt Samuel, dass ihm die bewusste Herangehensweise an seinen Alltag mehr Sicherheit und Struktur verleiht, was ihm dazu verhilft sich nicht mehr den Prüfungen ausgeliefert zu fühlen. Auch schläft er nun wieder besser und empfindet die Schule als Herausforderung, der er mithilfe der erlernten Maßnahmen stand halten kann. Im abschließenden Gespräch wird Samuels Veränderungsprozess zusammengefasst und seine Erfolge thematisiert.[56]

3.3 Psychotherapie versus Beratung

Sowohl psychologische Beratung als auch Psychotherapie funktionieren als professionelle Helferbeziehungen die darauf abzielen, neue Lernprozesse und Handlungsmuster zu entwickeln, um Leidensdruck zu verringern. Innerhalb beider Berufsgruppen findet eine professionelle Unterstützung mithilfe fundierter Kenntnisse zur menschlichen Psyche, Entwicklungs- und Veränderungsmodellen und dem entsprechenden Handlungswissen statt, diee als Grundlage das Vertrauen in die menschliche Veränderungsfähigkeit beinhaltet.[57] Obwohl die Interventionen beider Berufsgruppen belegbar sein müssen und Interaktions- und handlungsspezifisches Wissen wichtig ist, ist im Gegensatz zur Berufsgruppe der Psychotherapeuten der Begriff des Beraters gesetzlich nicht geschützt. Weitere diskrimitative Merkmale sind die kurative Ausrichtung der Psychotherapie, die den Fokus auf Störungen mit Krankheitswert setzt und sich hierbei an Krankheitsbildern orientiert, während die Beratung ihre Ausrichtung an Gesundheitsmodellen vornimmt und diese in präventiven und rehabilitativen Aufgabenbereichen umsetzt.

---

[56] Vgl. Schubert/Rohr/Zwicker-Pelzer (2019), S. 156ff.

[57] Vgl. Karim/Bialek (2016), S. 15.

Das Arbeitsfeld der Beratung fokussiert sich hierbei auf kritische Lebensereignis-se im Lebensverlauf (z. B. Entscheidungsprobleme), während die Psychotherapie schwere persönliche bzw. systematische Krisen adressiert. Während das Setting der Beratung offen für die Hereinnahme von Dimensionen (ökonomisch, sozial) ist und eine Orientierung in verschiedenen gesellschaftlichen Teilsystemen veror-tet wird, setzt die Psychotherapie auf ein individuumszentriertes geschlossenes Setting mit niedrigem Kontextbezug, das sich bemüht, Schwellen zu reduzieren und eine gezielte Abhebung zum Alltag besitzt. Das Ziel der Psychotherapie ist eine Wiederherstellung psychischer und psychosomatischer Gesundheit durch Veränderung von Verhalten, Interaktion, Kognitionen, Emotionen oder Persön-lichkeitsänderung. Im Vergleich dazu setzt die Beratung das Ziel auf die Pro-blembewältigung und Kompetenzentwicklung bzw. persönliches Wachstum durch Ressourcenförderung. Das zentrale Unterscheidungsmerkmal zwischen Beratung und klinisch-psychologischer Intervention ist laut Baumann und Pezzez (1998),der Stellenwert des Veränderungsprozesses. Im Beratungskonzept folgt dieser Prozess nach der Beratung ohne Begleitung des Experten, während beim Interventionskonzept der Veränderungsprozess selbst zentrales Thema ist und vom Experten begleitet wird.[58]

	BERATUNG	PSYCHOTHERAPIE
Anlässe	-Normative Anforderungen & Probleme	-Psychische Störungen, psy-chosomatische Erkrankungen
	-Daily hazzles – kritische Le-bensereignisse im Lebensverlauf (z.B. Entschei-dungsprobleme, Orientie-rungsschwierigkeiten)	-Schwere persönliche/systemi-sche Krisen

---

[58] Vgl. Baumann/Perrez (1998), S. 315.

Funktionen und Prozesse	-Prävention, Rehabilitation (z.B. berufliche Reha), Entwicklungsförderung	-Behandlung, kurative Intervention, Heilung
	-Problembewältigung bei Orientierung, Planung, Entscheidung, Handlung	-Krankheitsbewältigung
	-Kompetenzentwicklung & persönliches Wachstum durch Ressourcenförderung	-Wiederherstellung psychischer & psychosomatischer Gesundheit durch Veränderung von Verhalten, Interaktion, Kognitionen, Emotionen
Formen	-Offen / eklektisch (= man sucht aus unterschiedlichen Methoden jene raus, die für angemessen gehalten wird)	-Schulenorientiert / integrativ
	-Gering reflektierte Hilfebeziehung	-Stark reflektierte Hilfebeziehung
Setting/ Kontext	-Offenes Setting (offen für Hereinnahme von Dimensionen (ökonomisch, sozial)	-Geschlossenes Setting
	-Hoher Kontextbezug	-Niedriger Kontextbezug, Individuumbezogener Fokus
	-Niedrigschwellig	-Hochschwellig (bemüht sich, Schwellen zu reduzieren)
	-Alltags – Lebenswelt – Orientierung	-Gezielte Abhebung vom Alltag
	-In verschiedenen gesellschaftlichen Teilsystemen (Bildung, Beruf, psychosoziale Versorgung)	-Im medizinisch – gesundheitlichen System
Zuständigkeit und Organisationsformen	-Nichtklinisch	-Klinisch (medizinischen Versorgungssysteme zugewiesen)
	-Verschiedene Formalisierungsgrade	-Hoher Formalisierungsgrad
	-Mulitdisziplinär(Drogenberatung, Schwangerenberatung)	-Uni- / bidisziplinär
	-Öffentlich	-Privat
	-Ungeregelt (Ausbildung, Beruf)	-Geregelt (Ausbildung, Beruf)

Tabelle 1: Vergleich zwischen Beratung und Psychotherapie.

Literaturverzeichnis

Baumann, U., Perrez, M. (1998), Lehrbuch Klinische Psychologie - Psychotherapie (2. Aufl.), Bern.

Benecke, C. (2014), Klinische Psychologie und PSychotherapie, Stuttgart.

Boud, D., Keogh, R., Walker, D. (1985) Reflection: turning experience into learning, London.

Ehlert, U. (2016), Verhaltensmedizin. In: Margraf, J., Schneider, S. (Hrsg.) Lehrbuch der Verhaltenstherapie (4. Aufl.), Berlin.

Faller, H., Reusch, A., Vogel, H. (2016) Förderung und Erhaltung von Gesundheit: Prävention. In: Medizinische Psychologie und Soziologie (4. Aufl.). Springer Verlag: Berlin, Heidelberg.

Fenner, D. (2015). Was ist und zu welchem Zweck brauchen wir das sokratische Gespräch? Vom sokratischen Dialog zum sokratischen Gespräch nach Nelson und Heckmann. In: Goedert, G., Scherbel, M. (Hrsg.), Perspektiven der Philosophie, Paderborn.

Frey, D., Henninger, M., Lübke, R., Kluge, A. (2016), Einführung und konzeptuelle Erklärung. In: Frey, D. (Hrsg.), Psychologie der Werte. Berlin, Heidelberg.

Heckhausen, J., Heckhausen, H. (2018), Motivation und Handeln, Berlin.

Helle, M. (2019), Psychotherapie, Berlin.

Hellwig, C. (2020), Personzentriert-integrative Gesprächsführung im Coaching, Wiesbaden.

Henninger, M. (2016): Resilienz. In: Frey, D. (Hrsg.), Psychologie der Werte. Berlin, Heidelberg.

Ispaylar, A. (2016), Selbstreflexion. In: Frey, D. (Hrsg.), Psychologie der Werte. Berlin, Heidelberg.

Karim, A. A., Bialek, N. (2016), Studienbrief Beratung der SRH Fernhochschule, Riedlingen.

Margraf, J., Schneider, S. (2018), Lehrbuch der Verhaltenstherapie, Berlin.

McLeod, J. (2004), Counselling – eine Einführung in Beratung, Tübingen.

Mourlane, D.; Hollmann, D., Trumpold, K. (2013): Studie „Führung, Gesundheit & Resilienz", Frankfurt am Main.

Myers, D., G. (2014), Psychologie (3. Aufl.) Berlin.

Nardone, G. (2003), Systemische Kurztherapie bei Ess-Störungen. Einführung und Fallstudien, Göttingen.

Orlinsky, D. E., Rønnestad, M. H., & Willutzki, U. (2004). Fifty years of psychotherapy process-outcome research: Continuity and change. In: M. J. Lambert, M., J. (Hrsg.), Bergin and Garfield's handbook of psychotherapy and behavior change (5. Aufl.), New York.

Quittmann, H. (1991), Humanistische Psychologie (2. Aufl.), Göttingen.

Rechtien, W. (2020), Psychologische Beratung. In: Wirtz, M. A. (Hrsg.), Dorsch-Lexikon der Psychologie, Göttingen.

Rogers, C. R. (1994). Die nicht-direktive Beratung: Counseling and Psychotherapy. Client-centered therapy (12. Aufl.). Frankfurt a.M.: Fischer.

Rogers, C. R., Bommert, H., Eckert, J. (1995), Die klientenzentrierte Gesprächspsychotherapie, Frankfurt am Main.

Röhner, J., Schütz, A. (2014), Psychologie der Kommunikation (2.Aufl.), Wiesbaden.

Rolfe M. (2019) Positive Psychologie und organisationale Resilienz. Stürmische Zeiten besser meistern. Springer. Springer-Verlag GmbH Deutschland, ein Teil von Springer Nature: Berlin.

Stavemann, H. H. (2005), Sokratische Gesprächsführung. In: Hautzinger, M., Linden, M.(Hrsg.), Verhaltenstherapiemanual, Berlin, Heidelberg.

Stavemann, H. H. (2015), Sokratische Gesprächsführung in Therapie und Beratung (3.Aufl.), Weinheim, Basel.

Tuschner-Caffier, B., Florin, I. (2012), Teufelskreis Bulimie (2. Aufl.), Göttingen.

Wittke, G. (2016), Gesundheitskommunikation und -förderung, Studienbrief der SRH Fernhochschule, Riedlingen.

Internetquellen

Kiresuk, T. J., Sherman, R. E. (1968), Goal attainment scaling: A general method for evaluating comprehensive community mental health programs, http://detgodepartnerskab.dk/uploads/f82aa3ab89e16681f2acd847ebbeb925.pdf

Schauer, M., Ruf-Leuschner, M. (2014), Liefline in Narrative Exposure Therapy, https://www.researchgate.net/profile/Maggie_Schauer/publication/263809588_Lifeline_in_Narrative_Exposure_Therapy/links/0c96053bef64c72-cad000000.pdf

Schröder, A. (2004), Beratung und Psychotherapie, https://www.researchgate.net/profile/A_Schroeder2/publication/346446553_Psychologie_und_Beratung/links/5fc29ab3299bf104cf8f7e05/Psychologie-und-Beratung.pdf

Kriz, J. (2009), Vielfalt in der Psychotherapie: Das Vier-Säulen-Modell. Plädoyer, die internationale und stationäre Verfahrenspluralität auch in deutschen Praxen wieder zuzulassen, https://www.vpp.org/meldungen/09/90909_vielfalt.pdf